Cour de Cassation,

CHAMBRES RÉUNIES — ET CHAMBRE CIVILE.

CAUSES DE LIBERTÉ.

NOMBREUSES LIBÉRATIONS,

Au cours de l'année judiciaire 1844-1845.

GUADELOUPE. — MARTINIQUE. — GUYANE. — SÉNÉGAL.

ARRÊTS DE CASSATION.

PARIS,

Ph. CORDIER, ÉDITEUR,

RUE DU PONCEAU, 24.

AOUT 1845.

AVIS.

On a cru qu'il serait utile de réunir plusieurs arrêts de la
Cour de Cassation qui forment un corps de doctrine spéciale,
et comme un évangile judiciaire en matière d'esclavage et de
liberté.

Ces arrêts ouvrent à la jurisprudence des Cours coloniales
une voie lumineuse, à beaucoup de malheureux une voie de
rédemption sociale. Mais avant de grandir ou de prévaloir
ainsi, quels combats n'a pas rendus la cause de l'humanité !
N'ayant dans l'origine d'autre appui qu'une consultation de
celui qui écrit ces lignes, (1) Virginie eut à subir de longues
alternatives de revers et de succès. Il fallut succomber à la
Guadeloupe, à Bordeaux même. Aujourd'hui, enfin, la Cour
suprême a prononcé irrévocablement, et l'écho de son mé-
morable arrêt nous est renvoyé tout d'abord par cette terre
d'Afrique que désolèrent si long-temps les crimes de la traite
et de l'esclavage ! (2)

---

(1) Cette consultation nous fut demandée par **M. Bissette**, directeur
de la *Revue des Colonies*.

(2) Jugement ci-après rapporté du tribunal de Saint-Louis, Sénégal.

1.

Il était réservé à cet arrêt *des grands jours* d'être glorifié au milieu des législateurs eux-mêmes. A la séance de la Chambre des Députés, du 3 juin 1845, dans la discussion de la loi sur le régime de l'esclavage, M. Pascalis demanda quel serait le sort des enfants, en cas de *rachat* de la mère, et fit allusion à la résistance des Cours royales dans l'affaire Virginie.

M. O. Barrot répondit : « La jurisprudence de la Cour de » cassation est fondée sur un principe d'humanité qui ne per- » met pas de séparer l'enfant de la mère. Cela est un commen- » taire humain, puisé dans les sentiments mêmes de la nature, » et qu'il ne faut pas affaiblir par une explication du Gouver- » nement. Il me paraît impossible que les Cours résistent plus » long-temps ; et si la Cour de cassation, par l'influence et la » toute puissance du principe d'humanité, a été entraînée à » décider que la mère et l'enfant ne pourraient être séparés, *à* » *fortiori* le même principe doit s'appliquer au cas d'affranchis- » sement par rachat forcé. »

M. Dupin ajouta : « Je ferai remarquer que la jurisprudence » adoptée par la Cour de cassation n'est pas une jurisprudence » de fantaisie ; elle est fondée sur une loi positive qui prévoit » tous les cas d'*aliénation*, et par conséquent celui de vente » volontaire, de vente forcée, ou d'émancipation. » *(Moniteur du 4 Juin 1845.)*

Nous sommes heureux de constater ce baptême parlemen- taire de l'arrêt Virginie, et de ceux qui l'ont suivi.

C'est avec plus de bonheur encore que nous en constatons les résultats.

On nous écrit de la Guadeloupe : « L'affaire Virginie a eu » ici un retentissement immense. L'arrêt a été pris au sérieux » par notre magistrature. *Déjà, une quantité d'individus retenus* » *dans l'esclavage, ont été rendus à la liberté.* Il a suffi qu'un » individu impubère fut affranchi depuis un temps plus ou

» moins proche, pour qu'il ait pu rappeler ses frères et ses
» sœurs. Vous pouvez vous féliciter d'avoir remporté une
» grande victoire...... »

Une autre lettre qui nous est adressée de la même colonie
porte : « Tous les jours il s'introduit des instances pour des
» affaires analogues, et les jugements sont toujours favorables
» à la liberté. On va plus loin aujourd'hui, on réclame la liberté
» des enfants *pubères*, si la mère a été libre, lorsque les en—
» fants étaient encore impubères. Le Tribunal a reconnu
» qu'il n'y a pas de prescription en matière de liberté. Ainsi,
» *nous aurons bon nombre de libertés, avant peu ;* et ces libertés,
» nous vous les devrons, car il a fallu toute votre persévérance,
» vos efforts réitérés et désintéressés, pour arriver au but
» que vous avez atteint. »

Nos correspondances de la Martinique annoncent la même
impulsion dans cette colonie. *Un pareil arrêt,* écrit l'un des
plus honorables citoyens de Fort-Royal, *vaut une loi d'émancipation.*

C'est au moins une brèche au vieux système colonial, et
il est heureux quelle soit assez large pour donner passage
à bon nombre des infortunés que ce système a deshérités des
droits de l'homme.

La libération des enfants prépare l'avenir. Un jour, ces
jeunes affranchis seront dignes de la liberté. Utiles instru-
ments d'une nouvelle organisation du travail et de l'industrie
agricole ou manufacturière des colonies, ils concourront à ra-
mener l'ancienne prospérité de nos possessions intertropicales.
Eux-mêmes, ils couronneront ainsi la grande œuvre de l'é-
mancipation !

Affranchir les enfants, ce fut la pensée d'une proposition
faite il y a déjà dix ans, par M. de Tracy. Si elle eut été

adoptée, l'abolition définitive de l'esclavage serait aujourd'hui bien facile.

Source féconde de libertés, bien au delà de nos espérances, Le principe de l'*indivisibilité de la famille* conquis dans l'affaire Virginie avancera l'émancipation générale par la délivrance de tous ceux qui pourront en revendiquer le bénéfice.

C'est par un retour au droit naturel que se trouve entamé ainsi l'esclavage, institution contre nature, dit la loi Romaine elle-même.

Ah! sans doute, nous avons lutté avec ardeur et persévérance ; mais c'est par les magistrats de la Cour Suprême que la sainte cause de l'humanité et de la liberté triomphe. Leurs arrêts ont scellé la victoire. Ce recueil sera un respectueux hommage à ceux qui les ont rendus, aux rapporteurs éminents de ces affaires, à l'éloquent Procureur général, dont les réquisitoires ont si puissamment secondé nos efforts, à l'illustre premier président de la Cour, organe si élevé de toute idée généreuse et philanthropique.

Paris, août 1845.

AD. **GATINE**.

VIRGINIE de la Guadeloupe,

Réclamant la liberté de ses deux Enfants,

CONTRE

Les Héritiers de BELLECOURT.

AFFRANCHISSEMENT DE LA MÈRE PAR TESTAMENT. — LIBERTÉ DES ENFANTS IMPUBÈRES. — INDIVISIBILITÉ DE LA FAMILLE.

ARRÊT

Des Chambres Réunies en audience solennelle.

« Ouï, M. le conseiller Romiguières en son rapport ;

» Ouï Me Gatine en ses observations pour la demanderesse ;

» Ouï, M. le procureur-général Dupin en ses conclusions ;

» Vu l'art. 47 de l'édit du mois de mai 1685, ainsi conçu : Ne pour-
» ront être saisis et vendus séparément le mari et la femme et leurs
» enfants impubères, s'ils sont tous sous la puissance du même maître.
» Déclarons nulles les saisies et ventes qui en seront faites ; ce que
» nous voulons avoir lieu dans les aliénations volontaires, sous peine,
» pour les aliénants, d'être privés de celui ou de ceux qu'ils auront
» gardés, qui seront adjugés aux acquéreurs, sans qu'ils soient tenus
» de faire aucun supplément de prix ; »

» Attendu qu'aux termes de cet article, la mère et ses enfants impubères ne peuvent être saisis et vendus séparément, soit par vente for-

cée, soit par aliénation volontaire, lorsque la mère et les enfants sont sous la puissance du même maître;

» Que, dans le premier cas, la loi prononce l'annulation des saisies et ventes; que, dans la seconde hypothèse, celle de l'aliénation volontaire, elle maintient la vente, et prive l'aliénant de celui ou de ceux qu'il aurait voulut retenir, les adjugeant à l'acquéreur sans supplément de prix;

» Attendu que par ces dispositions le législateur pose évidemment en principe l'interdiction absolue de toute séparation de la mère et de ses enfants impubères, même dans le cas où l'intention du maître d'opérer cette séparation serait exprimée;

» D'où il suit qu'à plus forte raison, toute aliénation pure et simple d'une mère esclave entraîne de droit celle de ses enfants impubères, qui ne doivent et ne peuvent être séparés d'elle;

» Attendu que l'intérêt de la morale publique, la protection due à la faiblesse du premier âge, le juste respect des droits et des devoirs de la maternité, la faveur qui s'attache à la liberté commanderaient d'interpréter dans le sens le plus large, et d'appliquer à tous les cas analogues les dispositions d'une loi qui, dans une législation toute d'exception, consacrent un retour aux principes du droit naturel et prêtent un nouvel appui aux plus saintes affections de l'humanité, si des dispositions de cette nature pouvaient être équivoques ou douteuses;

» Mais attendu que, dans l'espèce, tout propriétaire d'esclaves est bien et dûment averti que, s'il se permet de séparer de leur mère les enfants impubères de celle-ci, ils perd tous ses droits sur lesdits enfants qu'il aurait voulu retenir indûment en sa possession et loin d'elle;

» Attendu que la séparation prohibée par le législateur, et dont il a voulu prévenir les effets, serait aussi entière, par conséquent aussi dommageable aux enfants impubères, que'lle blesserait autant la morale et l'humanité, si elle avait lieu par l'affranchissement de la mère dont les enfants impubères pourraient être retenus en la possession de son maître ou de ses héritiers ou ayant cause, qu'au cas où ses enfants lui auraient été enlevés, en auraient été séparés, par suite de la saisie, de la vente ou de l'aliénation volontaire à titre onéreux qui aurait été faite de sa personne;

» Que s'il est incontestable qu'au cas où la dame de Bellecourt aurait disposé de la demanderesse, en la léguant comme une esclave, à un

tiers, par testament, les enfants impubères de la mère ainsi léguée auraient dû suivre son sort; il n'en est pas moins certain que l'avantage
fait à cette mère par le legs de sa liberté, ne saurait nuire à ses enfants, les priver du bénéfice de la loi et des soins de leur mère, et
rendre leur condition pire, parce que celle de leur mère serait devenue meilleure, alors que la loi aussi bien que la nature, ont lié l'une
là l'autre ces diverses existences;

» Attendu que de tout ce qui précède, et de la saine interprétation de
l'art. 47 précité de l'édit du mois de mars 1685, il résulte que sa disposition est applicable aussi bien au cas où le maître se dépouille de la
propriété d'une esclave mère d'un ou de plusieurs enfants impubères
en l'affranchissant, qu'au cas où il s'en dépouille par tout autre acte
d'aliénation;

» Qu'ainsi; la Cour royale de Bordeaux, qui, dans l'espèce, a refusé
de faire cette application, et d'étendre aux enfants de la demanderesse
le bienfait de la liberté à elle accordée par le testament de la dame de
Bellecourt, sa maîtresse, a faussement interprêté, et par suite violé,
en ne l'appliquant point, ledit article 47;

» PAR CES MOTIFS, et après en avoir délibéré en la chambre du conseil.

La Cour casse et annule l'arrêt rendu, dans la cause, après cassation, par la Cour royale de Bordeaux, le 30 juin 1842. »

Et pour qu'il soit statué sur l'appel du jugement du Tribunal de première instance de la Pointe-à-Pitre, du 29 août 1857, comme aussi
pour qu'il soit procédé conformément aux dispositions de l'art. 1er de
la loi du 1er avril 1837 (1), renvoie la cause et les parties devant la Cour
royale de POITIERS; ordonne qu'à la diligence du procureur-général

---

(1) Loi relative à *l'autorité des arrêts rendus par la Cour de cassation, après
deux pourvois.* — « Art. 1er. Lorsqu'après la cassation d'un premier arrêt ou ju-
» gement rendu en dernier ressort, le deuxième arrêt ou jugement rendu
» dans la même affaire, entre les mêmes parties, procédant en la même qua-
» lité, sera attaqué par les mêmes moyens que le premier, la Cour de cassation
» prononcera *toutes les chambres réunies.* — Art. 2. Si le deuxième arrêt ou ju-
» gement est cassé pour les mêmes motifs que le premier, la Cour royale, ou le
» tribunal auquel l'affaire est renvoyée *se conformera à la décision de la Cour de
» cassation sur le point de droit jugé par cette cour.* » — Cette dernière disposition assure irrévocablement gain de cause à Virginie.

du roi, le présent arrêt sera transcrit sur les registres du greffe de la Cour royale de Bordeaux.

Ainsi jugé et prononcé par la Cour de cassation, chambres réunies; et siégeant en robes rouges, à l'audience solennelle et publique du 22 novembre 1844.

Présents : MM. le comte Portalis, pair de de France, premier président; le baron Zangiacomi, Teste, Laplagne-Barris, pairs de France, présidents; — Lasagni, doyen; — Romiguières, rapporteur; — Hello, — Bernard de Rennes, — Troplong, — Mesnard, — Bayeux, — Brière - Valigny, — Joubert, — Hervé, — Vincens Saint-Laurent, — Bresson, — Miller, — Barennes, — Colin, — Thil, — Feuilhade-Chauvin, — Jacquinot - Godard, — Duplan, — Mestadier, — Jaubert, — Madier de Montjau, — Renouard, — Lavielle, — Simonneau, — Rives, — Isambert, — Gaultier, — Rocher, — Pataille, — Félix-Faure, — Dehaussy de Robécourt, — Bryon, — de Ricard, — de Gaujal, — Hardoin, — Piet, — M. Dupin, procureur-général.

Signé : le premier président, comte Portalis; — Romiguières, conseiller-rapporteur; — Bernard, greffier en chef.

Cour de Cassation. — Chambre Civile.

ÉLIA PLATA, de la Martinique,

Réclamant la Liberté de ses Six Enfants.

CONTRE

Les Sieur et Dame MANCEAU.

DÉLAI DE L'APPEL DANS LES CAUSES DE LIBERTÉ. — MÈRE AFFRANCHIE. — LIBERTÉ DES ENFANTS IMPUBÈRES. — LIMITE LÉGALE DE L'IMPUBERTÉ.

ARRÊT.

La Cour, statuant sur le pourvoi contre le premier arrêt, du 14 juin 1842 ;

Vû l'article 4 de l'ordonnance du 12 juillet 1832 ;

Attendu que cette ordonnance détermine les formalités spéciales à suivre pour les concessions d'affranchissement dans les Colonies ;

Attendu que l'article 4 exige que tout appel d'un jugement qui a prononcé sur l'opposition à un affrachissement soit interjeté dans la quinzaine de la signification de ce jugement ;

Attendu que si dans l'espèce, il s'agissait non d'une demande directe d'affranchissement, mais d'une demande ayant pour objet, de la part d'une mère affranchie elle-même, de faire appliquer à ses enfants le bénéfice de l'article 47 de l'édit de 1685, l'article 4 de l'ordonnance ne devait pas moins recevoir son exécution, quant au délai de l'appel du jugement de première instance qui avait statué sur cette demande, puisqu'il s'agissait également de faire reconnaître l'affranchissement des enfants, comme une suite de celui de leur mère ;

Attendu, dans l'espèce, que sur la demande formée par Elia Plata, tendant à ce que les sieur et dame Manceau fussent tenus de lui remettre ses six enfants comme ayant dû être affranchis avec elle, il fut rendu un jugement par défaut le 17 janvier 1842, qui accueillit cette demande ;

Attendu que l'appel de ce jugement a été interjeté après le délai de quinzaine, prescrit par l'article 4 de l'ordonnance du 12 juillet 1832 ;

Attendu que nonobstant ce, la Cour royale de la Martinique, a reçu l'appel des sieur et dame Manceau ; qu'en ce faisant, elle a essentiellement violé l'article 4 de l'ordonnance précitée ;

CASSE et annulle ledit arrêt du 24 juin 1842, *et par suite le second*, du 14 juillet même année, rendus par la Cour royale de la Martinique. — Et pour être fait droit, renvoie la cause et les parties devant la Cour royale de Paris. — Ordonne l'impression du présent arrêt et sa transcription sur les registres de la Cour royale de la Martinique. — Condamne les sieur et dame Manceau aux dépens.

Du 16 avril 1845. — Présidence de M. le premier Président comte Portalis. — Rapport de M. le Conseiller Bérenger. — Conclusions conformes de M. le premier Avocat-général Pascalis. — Plaidant Me Gatine pour Élia. — Me Delaborde pour les défendeurs.

Cour de Cassation. — Chambre Civile.

MARIE MINETTE,

DE LA GUYANNE FRANÇAISE,

CONTRE

LE SIEUR COSNARD.

ENFANT IMPUBÈRE AFFRANCHI. — LIBERTÉ DE LA MÈRE.

ARRÊT.

LA COUR,

« Vu l'article 47 de l'édit de 1685 ;

Attendu qu'aux termes de cet article, lorsque le mari, la femme esclaves et leurs enfants impubères sont en la jouissance du même maître, ils ne peuvent être vendus séparément, soit par vente forcée, soit par aliénation volontaire, sous les peines portées audit article ;

Attendu qu'en prohibant la séparation des père et mère esclaves et de leurs enfants impubères, le législateur mû par des motifs d'humanité, a voulu conserver à ceux-ci les soins de leurs parents, tant que la faiblesse de leur âge les leur rend nécessaires ;

Attendu que le but du législatenr étant ainsi déterminé, peu importe que l'aliénation ait lieu sous la forme de vente volontaire ou forcée, ou sous forme d'affranchissement ; que l'effet est le même, puisque dans ce dernier cas, comme dans les autres, la séparation a également lieu ;

Attendu dès lors, que la disposition de l'article 47 de l'édit de 1685 doit s'appliquer aux affranchissements, comme aux autres aliénations mentionnées dans ledit article ;

Attendu, dans l'espèce, que Marie-Euphémie-Victoire Aimée, née de Marie Minette esclave de François Cosnard, a été affranchie par celui-ci avant qu'elle eut atteint sa puberté ;

Que nonobstant cet affranchissement, le liquidateur de la succession de François Cosnard ayant demandé au Tribunal de Cayenne, l'autorisation de vendre Marie Minette, mère de cette enfant, et le procureur du Roi ayant formé opposition à la vente, la Cour royale de Cayenne réformant la décision des premiers juges qui, en déclarant que Marie Minette n'avait aucun droit à la liberté, avaient néanmoins décidé qu'elle ne serait vendue que lorsque sa fille aurait atteint l'âge de puberté, a, par l'arrêt attaqué, donné main levée de cette opposition et ordonné qu'il serait passé outre à la vente ;

Qu'en ce faisant, ladite Cour a ouvertement violé l'article 47 de l'édit de 1685. — Casse.

Du 16 avril 1845. — Présidence de M. le premier Président comte Portalis. — Rapport de M. le Conseiller Bérenger.— Conclusions conformes de M. le premier Avocat général Pascalis.

Tribunal de Saint-Louis. — Sénégal.

FATEMA,

CONTRE

LA DAME GUILLEMAIN.

MÈRE AFFRANCHIE PAR VOIE DE RACHAT. — LIBERTÉ DE L'ENFANT IMPUBÈRE. — APPLICATION DU CODE NOIR AU SÉNÉGAL, MÊME EN SUPPOSANT QU'IL N'AIT PAS ÉTÉ PROMULGUÉ DANS CETTE COLONIE, COMME Y ÉTANT A L'ÉTAT DE COUTUME ET DE DROIT COMMUN DE L'ESCLAVAGE.

JUGEMENT DU TRIBUNAL DE PREMIÈRE INSTANCE DE SAINT-LOUIS (1).

LE TRIBUNAL,

« Attendu que par suite de conventions écrites, la nommée Fatema, captive de la dame Uranie Guillemain, s'est rachetée de l'esclavage, moyennant la somme de cinq cents francs, somme qui a été payée par elle ;

» Que Fatema est mère d'un enfant impubère du sexe féminin, laquelle n'a pas été comprise dans l'acte du rachat, et est ainsi demeurée en la possession de la dame Guillemain ;

» Que l'effet immédiat de cet état de choses, s'il était maintenu,

---

(1) On croit devoir réunir ici aux arrêts de la Cour suprême ce Jugement dont la rédaction très-remarquable fait honneur à M. le Juge Royal de Saint-Louis, non moins que sa franche et loyale adoption du principe posé dans l'affaire Virginie.

serait de séparer un enfant impubère de sa mère, et de rompre ainsi, au profit de l'esclavage, les liens les plus sacrés de la nature ;

» Considérant, à cet égard, que la loi civile ou positive ne pourrait, sans dépasser ses droits, et que la société ne pourrait, sans attaquer son existence même, ordonner en aucun cas la séparation de la mère et de l'enfant impubère ; qu'à cet effet, il existe un assentiment universel, un accord tacite et unanime de toutes les nations pour respecter ce lien sacré. *Civilis ratio*, dit Gaïus, *naturalia jura corrumpere non potest ;* et la loi 8 au *Digeste*, de *Reg. jur.* : *Jura sanguinis nullo jure civili dirimi possunt ;*

» Considérant que ces principes ont reçu une juste et humaine application dans le Code noir, dont l'article 47 défend de séparer l'enfant impubère de sa mère ;

» Mais attendu qu'on excipe de la non-promulgation de cet édit au Sénégal ;

» Attendu ; à cet égard, que si l'affiche et la promulgation de cet édit au Sénégal ne sont pas rapportés, il n'y a pas lieu de s'en étonner, puisqu'il n'existe pas dans la colonie d'archives antérieures à la reprise de possession (1817) ; mais qu'il faut reconnaître en même temps que plusieurs des dispositions du Code noir existent dans la colonie à l'état de coutume, et constituent le droit d'esclavage au Sénégal ;

» Qu'ainsi, et en matière de responsabilité civile des maîtres pour les faits des captifs, on n'applique pas les règles du Code civil et la responsabilité illimitée, telle qu'elle est réglée par l'article 1384 du Code civil, mais bien la responsabilité spéciale limitée à l'abandon du captif, introduite par le Code noir ; que l'usage à cet égard est fréquent et incontestable ;

» Attendu, d'ailleurs, que si l'on venait à reconnaître que toutes les dispositions du Code noir sont sans application au Sénégal, on se demanderait alors sur quoi se base l'esclavage dans cette colonie, et où puise le maître son droit sur le captif ; qu'en un mot, et si on admettait la thèse de la défenderesse, ce ne serait pas seulement l'enfant impubère, mais tout ce qui s'appelle captif dans la colonie qu'il faudrait affranchir, car la liberté est le droit, et l'esclavage l'exception ; que ce n'est pas à l'homme à produire son titre de liberté, mais au maître, son droit exceptionnel et contre nature, et qu'en l'absence de toute règle civile, la loi naturelle reprendrait son empire ;

» Attendu, que voulût-on admettre pour un instant que l'esclavage existe au Sénégal comme fait accompli, mais que le Code noir, et dès lors aucune disposition législative n'en ont réglé les conditions, il ne faudrait pas en conclure que l'esclavage est, dans cette colonie, absolu et sans limite, mais bien au contraire le réduire à ses plus étroites proportions, se tenant toujours dans le droit commun et ne concédant à l'exception, c'est à dire à l'esclavage, que les droits qu'il peut revendiquer comme ses conséquences les plus immédiates et en quelque sorte inévitables ;

» Considérant que si l'esclavage et les conséquences anormales qu'il traîne après lui ont pu conduire à la possession de l'homme par l'homme, et peu à peu, par suite de déductions logiques, à l'assimilation de l'homme devenu meuble à la chose, il a pourtant fallu s'arrêter dans cette révoltante fiction ;

» Que la législation romaine elle-même, dans ses progrès, a rereculé devant ses conséquences extrêmes ; mais que la nôtre, chrétienne, et dès lors plus douce et plus équitable, a conservé plus de respect pour l'humanité ; qu'ainsi, et à la place de l'ancienne législation romaine, qui admettait largement la fiction de l'homme-meuble, et accordait au maître le droit de vie ou de mort, *dominis in servos, vitæ necisque potestatem*, législation adoucie d'abord par Antonin, puis ensuite par Justinien, s'est élevée la loi moderne plus favorable, plus humaine, et enfin le système actuel, qui, s'éloignant encore plus de la fiction, reconnaît aux esclaves des droits plus précis et impose aux maîtres des devoirs plus étendus ;

» Attendu en résumé, que, n'existât-il dans la colonie aucun texte de loi pour régler l'esclavage, ce ne serait pas dans la loi des Douze-Tables, mais dans la législation contemporaine, qu'il faudrait puiser ses inspirations, se tenir toujours dans le droit commun, et n'accorder à l'exception que le moins possible ;

» Attendu que le droit d'une mère sur son enfant impubère est un droit sacré, proclamé par la nature, une loi de l'organisation même de l'homme, et qui n'a dès lors pas besoin d'un texte de loi pour être reconnu ; que ce n'est pas à la mère à venir apporter un texte de loi, et invoquer un article de la loi civile pour revendiquer son enfant impubère ; mais que, bien au contraire, ce serait à ceux qui voudraient les séparer, et renverser ainsi l'ordre de la nature, à exciper d'un texte, si toutefois pareil texte pouvait exister ; que le droit et le rôle de la mère est de prendre et d'élever son enfant impubère, en disant : *Je suis sa mère, donc j'ai droit ;*

» Mais attendu que ce droit a été constaté et admis par les lois constitutives de l'esclavage, et que si fréquemment les Tribunaux ont emprunté à l'édit de mars 1685 des règles, c'est surtout aujourd'hui et dans la cause, le cas d'y recourir ;

» Attendu, en conséquence, que l'enfant impubère Gualada a suivi de droit la condition de sa mère Fatema :

» Déclare libre et exempt de toute servitude la nommée Gualada, à compter du jour du rachat de sa mère, condamne la dame Uranie Guillemain aux dépens. »

Du 22 février 1845. — Présidence de M. Delannoise, Juge royal. — Conclusions de M. Carrère, Conseiller à la Cour d'appel du Sénégal, remplissant par intérim, les fonctions de Procureur du Roi. — P. Mᵉ Valentin. — (*Extrait de la Gazette des Tribunaux du 3 Mai 1845.*)

Cour de Cassation.— Chambre Civile.

CATHERINE LÉONARD
Et ses onze Enfants,
Contre les Sr et Dme CAZENEUVE,
De la Martinique.

ACTE DE BAPTÊME. — MENTION D'AFFRANCHISSEMENT. — FORCE OBLIGATOIRE DES RÉGLEMENTS SUR LES BAPTÊMES DES GENS DE COULEUR. — ESCLAVES PROPRES A LA FEMME. — AFFRANCHISSEMENT PAR LE MARI.

ARRÊT.

La Cour,

« Vû l'arrêt du Conseil-d'État du Roi du 8 juin 1776, l'arrêt du Conseil souverain de la Martinique du 10 novembre 1796, les articles 47 et 54 de l'édit du mois de mars 1685, et l'article 232 de la Coutume de Paris ;

» Attendu qu'il résulte de l'arrêt attaqué, qu'un extrait des registres des mariages, sépultures et baptêmes des citoyens libres de la commune du Prêcheur, à la Martinique, constate que, le 4 janvier 1794, le baptême fut donné à une petite fille née le 16 décembre 1791, de Marie-Louise, mulâtresse, appartenant au capitaine Duplessy-Voisin ; que ses parrain et marraine lui donnèrent le nom de Catherine-Léonard, et que cette enfant avait été affranchie, l'année précédente, par ledit capitaine Duplessy-Voisin ;

» Attendu qu'à cette époque, les desservants des paroisses remplissaient les fonctions d'officiers de l'État civil dans la colonie ; que, dès lors, l'acte du 4 janvier 1794 n'est pas seulement un acte religieux, mais qu'il est encore destiné à établir l'état civil de Catherine-Léonard ;

» Attendu que cet acte ne renferme pas une déclaration d'affranchissement en faveur de Catherine-Léonard, mais qu'il atteste seulement l'existence d'un affranchissement antérieurement accordé à celle-ci;

» Attendu que les desservants des cures aux îles du Vent étaient autorisés à baptiser comme libres les enfants de couleur, toutes les fois qu'il leur était justifié d'actes d'affranchissement en la forme prescrite, c'est à dire revêtus de la permission par écrit du gouverneur-intendant;

» Attendu que si, d'une part, il leur était enjoint, notamment par l'ordonnance du 1er septembre 1761, de faire mention des titres d'affranchissement dans les actes de baptême, cependant l'ordonnance du 29 décembre 1774, émanée de l'autorité locale, reconnut que cette ordonnance de 1761 n'avait pas été exécutée en son temps, à cause des troubles de la guerre;

» Que si, d'autre part, l'arrêt du Conseil d'État du 8 juin 1776 annula l'ordonnance du 29 décembre 1774, comme tendant à jeter le trouble et l'inquiétude parmi les gens de couleur se prétendant libres, en ce qu'elle leur avait prescrit de rapporter, sous trois mois, les titres primordiaux de leurs affranchissements, ledit arrêt enjoignit aux prêtres desservants les cures de ne baptiser aucun enfant de couleur comme libre s'il ne leur apparaissait des actes de liberté des mères dûment autorisés par les administrateurs de la colonie; et que, postérieurement à cette disposition, un arrêt du Conseil souverain de la Martinique, du 10 novembre 1796, déclara encore que les curés n'avaient pas connu ce dernier arrêt, parce qu'il n'avait pas été transcrit sur les registres des paroisses, « ce qui, porte l'arrêté, semble être le prétexte et l'excuse de son inexécution »; et, en conséquence, ledit arrêt prescrivit que l'arrêt du Conseil du Roi du 8 juin 1776, serait transcrit sur un registre, à la diligence des curés et desservants, et même des marguilliers;

» Attendu que la conséquence qu'il faut tirer des déclarations consignées dans l'ordonnance annulée de 1774 et dans l'arrêt de 1796, c'est que l'ordonnance de 1776 n'ayant pas été jusque-là transcrite sur les registres des paroisses, n'était pas rigoureusement obligatoire pour les curés, puisqu'ils sont reconnus excusables de ne pas s'y être conformés;

» Attendu, d'ailleurs, que si l'arrêt du Conseil d'État du 8 juin 1776 ordonne au commandant-général et intendant de la colonie, et enjoint aux prêtres desservant les cures de tenir la main à l'exécution des ordonnances de mars 1685, 15 juin 1736, et de l'arrêt du Conseil du 24 octobre 1713, il ne reprend qu'en partie la disposition par laquelle l'ordonnance du 1er septembre 1736 prescrivait que les curés seraient tenus de faire mention desdits actes d'affranchissement sur les registres des baptêmes, et se borne à enjoindre aux religieux et desservant les cures aux îles du Vent, de ne baptiser aucun enfant de couleur comme libres, s'il ne leur apparaissait des actes de liberté des mères dûment autorisés par les administrateurs de la colonie ;

» Attendu qu'il résulte de tout ce qui précède qu'il n'y avait pas eu obligation pour les curés de faire mention du titre d'affranchissement dans les actes de baptême qu'ils étaient appelés à rédiger ; que, dès lors, l'absence de cette mention ne pourrait être justement opposée aux gens de couleur qui auraient été baptisés comme déjà libres, ni détruire les énonciations d'affranchissement qui se trouvent dans leurs actes de baptême ; et que, dans tous les cas, l'interprétation la plus favorable doit prévaloir ;

» Attendu, enfin, qu'en admettant que la femme Duplessy-Voisin se fut réservé en propre, dans son contrat de mariage, la mère de Catherine-Léonard, qui était attachée à sa personne, et conséquemment, meuble de sa nature, il n'en résulterait nullement que Duplessy-Voisin eût été privé, par cette réserve, de la faculté de donner la liberté à l'enfant de cette esclave ; que tout ce qui pourrait résulter d'une semblable réserve, c'est que la femme Duplessy-Voisin serait devenue créancière de son mari pour la valeur de l'enfant affranchi, et qu'elle aurait été fondée à en réclamer le prix, à la dissolution de la communauté.

» Attendu, dans l'espèce, qu'en déclarant, dans l'acte de naissance de Catherine-Léonard, qu'elle avait été affranchie l'année précédente, le curé de la paroisse du Prêcheur a suffisamment reconnu qu'on avait mis sous ses yeux le titre de liberté de cette enfant, et qu'aucune circonstance de la cause ne détruit ou n'affaiblit l'autorité de ce fait ;

» D'où il suit que l'arrêt attaqué, qui a annulé la déclaration d'affranchissement faite par le procureur du roi de Saint-Pierre, en faveur de Catherine-Léonard et de ses enfants, a faussement appliqué et, par suite, violé les dispositions de l'arrêt du Conseil d'État du Roi du 8 juin 1776, de l'arrêt du Conseil souverain de la Martinique du 10 novembre 1796, des articles 47 et 54 de l'édit de 1685, et des principes de la Coutume de Paris sur la communauté ;

Casse et annulle l'arrêt rendu dans la cause par la Cour royale de la Martinique, le 13 août 1841, contre lequel le pourvoi a été dirigé. — Remet les parties au même état où elles étaient avant ledit arret, et pour leur être fait droit, les renvoie devant la Cour royale *de Paris;* — Ordonne l'impression du présent arrêt et sa transcription sur les registres de la Cour royale de la Martinique, en marge de l'arrêt annulé.— Condamne le sieur Cazeneuve aux dépens.

Du 11 mars 1845. — Présidence de M. le premier président, comte Portalis.—Rapporteur, M. Bérenger.— Avocat général. M. Delangle, Concl. Cont. — Plaidant Mᵉ Gatine, pour la demanderesse, — Mᵉ Chevrier, pour les défendeurs.

Cour de Cassation. — Chambre Civile.

HENRIETTE, MARIE, SUZANNE,

ET LES TROIS ENFANTS DE SUZANNE,

CONTRE

les Sieur et Dame *RUFZ-LAVISON,*

De la Martinique.

AFFRANCHISSEMENT PAR FIDÉICOMMIS. — OPPOSITION D'UNE PRÉTENDUE HÉRITIÈRE. — DÉFAUT DE PREUVE DE SA QUALITÉ.

ARRÊT.

Lʌ Cour,

Ouï, Mᵉ Bérenger, en son rapport ;

Ouï, Mᵉ Gatine, en ses observations pour les demanderesses ;

Ouï, M. Pascalis, avoca-tgénéral en ses conclusions,

Vû les articles 731-750-755-1341 et 1347 du Code civil.

Attendu, que nul ne peut être admis à se porter héritier et à exercer les droits d'une personne défunte, sans justifier de sa qualité.

Attendu, qu'il résulte de l'arrêt attaqué, que la dame veuve Montaigne-Lacaille, est décédée à la Martinique, commune du sud, le

14 octobre 1841 , laissant dans sa succession les esclaves *Marie Henriette, Suzanne* dite *Suzette,* et trois enfants de celle-ci, *Amélie, Honorine* et *Marie Claire.*

Qu'après sa mort, le nommé Rufz-Lavison, dans la maison duquel elle habitait, de son vivant, et se disant *chargé de sa succession,* fit le 23 octobre suivant à la Mairie de la Commune du Sud, section de Sainte-Luce, une déclaration dans l'objet de faire prononcer l'affranchissement desdits esclaves ;

Attendu , que le Ministère public étant intervenu pour que cette déclaration reçut son effet , la dame Rufz-Lavison, se disant épouse séparée de biens du susnommé, et prenant la qualité de seule et unique héritière de la veuve Montaigne-Lacaille , fit signifier par exploits des 7 et 9 mai 1842 , au sieur Lavison, son mari, et au Procureur du Roi du Tribunal de Fort-Royal , son opposition aux dits affranchissements et les assigna aux fins de voir déclarer nulle et non avenue la déclaration du 23 octobre 1841 , et par suite toutes les publications faites dans les journaux de la Colonie, pour arriver à ces affranchissements.

Attendu, que le Tribunal de Fort-Royal, par jugement du 18 juin 1842 , a annulé les déclarations dont il s'agit, et jugé que les esclaves qui en faisaient l'objet appartenaient à la dame Lavison, héritière bénéficiaire de la dame Montaigne-Lacaille.

Attendu, que sur l'appel interjeté par le Procureur général de la Martinique, ce magistrat conclut notamment devant la Cour Royale, à ce que la dame Lavison ne justifiant pas sa qualité d'héritière ou de légataire de la dame Montaigne-Lacaille , son opposition à l'affranchissement des esclaves de celle-ci , fut déclarée non-recevable ; et subsidiairement, à ce qu'il lui fut donné acte de ses réserves de faire appréhender la succession de la dite dame Montaigne-Lacaille par le curateur en titre d'office.

Attendu, que nonobstant ces conclusions, et sans que la dame Lavison ait justifié de sa qualité , la Cour Royale de la Martinique , se fondant sur *ce qu'il apparaissait suffisamment de cette qualité en l'état,* confirma le jugement du Tribunal de Fort-Royal, et cependant donna acte au Ministère public de ses réserves ;

Attendu , qu'*une apparence de qualité en l'état* ne pouvait suffire pour établir les droits de la dame Lavison à exercer les actions de la dame Montaigne-Lacaille ; que ces droits étaient d'autant moins justifiés aux yeux de la Cour Royale, que d'une part, son arrêt n'explique pas si la qualité d'héritière que la dite dame Lavison prenait, provenait de ses liens de parenté au degré successible avec la défunte, ou d'un acte quelconque de libéralité en sa faveur de la part de celle-ci; et que d'autre part, en même temps que la dite Cour attribuait qualité à la dame Lavison, pour former opposition aux affranchissements, elle donnait acte au Ministère public de ses réserves de faire appréhender la succession de la dame Montaigne-Lacaille par le curateur en titre d'office, disposition de son arrêt qui implique contradiction avec la précédente ;

Attendu, qu'en jugeant ainsi, l'arrêt attaqué a essentiellement violé les articles du Code civil sus énoncés ;

Par ces motifs, et sans qu'il soit besoin de statuer sur les autres moyens, La Cour CASSE et annule l'arrêt rendu dans la cause par la Cour Royale de la Martinique, le 7 avril 1843, contre lequel le pourvoi a été dirigé, — Remet les parties au même état où elles étaient avant ledit arrêt; et pour leur être fait droit, les renvoie devant la Cour Royale *de Paris ;* — Ordonne l'impression du présent arrêt et sa transcription sur les registres de la Cour Royale de la Martinique, en marge de l'arrêt annulé. — Condamne les sieur et dame Lavison aux dépens.

Du 5 août 1845. — Présidence de M. le premier Président comte Portalis.— Rapport de M. le Conseiller Bérenger.—Conclusions conformes de M. le premier Avocat général Pascalis. — Plaidant Me Gatine.

TABLE.

Imprimerie de PH. CORDIER, rue du Ponceau, 24.

www.ingramcontent.com/pod-product-compliance
Lightning Source LLC
Chambersburg PA
CBHW051406060726

47596CB00005B/2104